Découverte Benjamin

Écrit par Jean-Pierre Verdet
Illustré par
Henri Galeron et Pierre-Marie Valat

Conseil pédagogique :
Équipe du bureau de l'Association Générale
des Instituteurs et Institutrices des Écoles
et Classes Maternelles Publiques.

Conseil éditorial :
Jean-Pierre Verdet
astronome à l'Observatoire de Paris.

ISBN 2-07-051179-0
© Éditions Gallimard Jeunesse 2005
Dépôt légal : janvier 2005. Numéro d'édition 132859
Loi n°49-956 du 16 juillet 1949 sur les publications destinées à la jeunesse.
Tous droits de traduction, de reproduction et d'adaptation réservés pour tous pays.
Imprimé en Italie par Editoriale Lloyd

Le ciel, l'air
et le vent

Gallimard Jeunesse

Il fait beau. C'est une belle journée d'été. Le ciel est tout bleu… ou presque. Au loin, vers l'ouest, là où le soleil se couche, quelques nuages arrivent. Les plus hautes branches des arbres commencent à frémir.
Le vent se lève, l'air se rafraîchit. Maintenant les nuages courent dans le ciel. L'orage n'est pas loin.

L'air qui nous entoure.

Il nous semble invisible, impalpable. Pourtant, il y a bien des façons de sentir l'air qui nous environne. Dans ta chambre, qui est un endroit petit, l'air est incolore, mais dehors, si tu regardes à l'horizon, il devient bleu. Les peintres anciens aimaient représenter ces grands paysages où les lointains, voilés de bleu, sont moins nets que les premiers plans.

Garde la bouche bien fermée. Pince-toi le nez. Tu te rends compte rapidement qu'il te manque quelque chose ! Tu deviens tout rouge ! Tu étouffes ! L'oxygène de l'air que nous respirons à chaque instant, sans y prendre garde, est indispensable à notre vie.

Si tu cours très vite, bras et mains bien écartés, tu sens la résistance de l'air qui freine ta course.

1. Le soleil se lève, aujourd'hui l'air est très humide, la lumière en rebondissant sur les gouttes d'eau reste blanche.

2. Il fait très beau, l'air est pur et sec, il favorise le bleu.

3. C'est le soir. Le soleil se couche, il y a des poussières à l'horizon, le ciel est rouge.

4. Pendant la journée, le ciel change de couleur.

5. Ce sont les rebondissements de la lumière du soleil sur les éléments de l'atmosphère qui colorent le ciel.

6. Bien après le coucher du soleil, sa lumière n'illumine plus l'atmosphère, le ciel devient noir.

Satellite météorologique

L'air est un mélange de gaz que les êtres vivants respirent. Cette couche d'air qui entoure tout le globe terrestre, c'est **l'atmosphère.** Les nuages, la pluie, la neige, la grêle, les ouragans se forment dans les couches de l'atmosphère les plus proches de la terre. Des satellites surveillent en permanence ces basses couches de l'atmosphère. Ils en prennent des photographies que tu vois chaque soir à la télévision et qui permettent aux météorologistes de mieux prévoir le temps.
Les avions, les planeurs, les oiseaux et ton cerf-volant s'appuient sur l'air. Les voiliers, eux, utilisent la force du vent.

La terre et ses grands courants atmosphériques vus de l'espace.

Il y a de l'eau dans l'air, dans les cours d'eau, sur les montagnes enneigées, mais surtout dans les mers et les océans qui recouvrent plus de la moitié de la surface du globe.

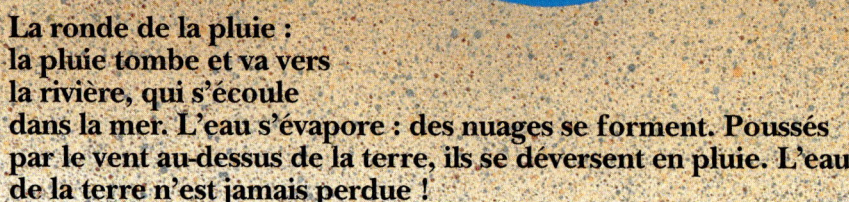

La ronde de la pluie :
la pluie tombe et va vers
la rivière, qui s'écoule
dans la mer. L'eau s'évapore : des nuages se forment. Poussés par le vent au-dessus de la terre, ils se déversent en pluie. L'eau de la terre n'est jamais perdue !

D'où viennent les nuages ?

Le soleil chauffe l'eau des océans et la transforme en vapeur. Elle monte alors dans le ciel et y rencontre de l'air plus froid.

L'air froid absorbe moins la vapeur d'eau que l'air chaud. Il s'en débarrasse en la transformant en eau liquide, sous forme de gouttelettes, comme le font, en hiver, les vitres des voitures. Les gouttes en se réunissant forment les nuages.

Comment reconnaître les nuages ?

Il existe une grande variété de nuages aux formes différentes qui animent le ciel.

Les **stratus** sont en couches minces, les **cirrus** ont la forme de flocons, les **cumulus**, celle d'une boule. Le nom des nuages qui flottent au-dessus de 6 000 mètres commence par cirro, par alto quand ils restent entre 6 000 et 2 000 mètres et par strato quand ils sont vers 2 000 mètres. Les **cumulonimbus** montent dans le ciel comme de gros champignons. Ils sont responsables des orages.

1. Cirro-stratus, 2. Alto-cumulus.
3. Cumulonimbus, nuage d'orage.
4. Cumulus.

D'où vient la pluie ?

Les nuages sont formés de fines gouttelettes d'eau qui peuvent se réunir pour former des gouttes plus grosses. Lorsque leur diamètre dépasse un demi-millimètre, les gouttes d'eau trop lourdes ne peuvent plus flotter dans l'air. Elles tombent : il pleut.

Nous vivons dans des régions tempérées. Elles sont à mi-chemin entre le pôle Nord, où il fait toujours froid et sec, et l'équateur, où il fait toujours chaud et humide. Pour nous, soleil et pluie se partagent l'année à parts égales.

Vers de terre, escargots et limaces sortent après la pluie.

Il existe de grandes régions, **les déserts**, où le sol est très chaud. Aucun nuage ne peut se former au-dessus de ce poêle naturel et il ne pleut presque jamais. La vie est difficile dans les déserts, il y a peu d'animaux et encore moins de plantes.

Sous les tropiques, il pleut beaucoup. Et surtout, période de pluie et période sèche se succèdent régulièrement. Tantôt le vent vient de la mer, il pleut violemment chaque jour. Tantôt il vient des terres, il fait très sec. Ce phénomène s'appelle **la mousson**.

De gros cumulonimbus noircissent le ciel : **l'orage est proche.**
Le vent se lève et dans les nuages, les gouttes d'eau montent et descendent. Tous ces mouvements chargent les nuages d'électricité.

Pour les Grecs, un dieu, Zeus, déclenchait la foudre.

Des étincelles jaillissent en zigzag : voici les éclairs.
Un bruit énorme éclate : voilà le tonnerre et la foudre. La pluie tombe. Vite, il faut rentrer à la maison.

La foudre est attirée par un clocher, un rocher pointu, un arbre ou même l'eau.
Ne t'abrite jamais sous un arbre isolé.
Les paratonnerres sont des antennes qui protègent les maisons de la foudre.

L'arc-en-ciel

La lumière du soleil nous paraît blanche mais en réalité, elle est composée de différentes lumières colorées. Lorsqu'un rayon de soleil traverse une goutte d'eau, il est légèrement dévié de sa route. Mais chaque couleur est déviée différemment. C'est pourquoi une goutte d'eau peut séparer la lumière du soleil en plusieurs lumières colorées.

Après l'orage, les millions de gouttes d'eau qui flottent dans l'air donnent un arc-en-ciel. Dans la direction opposée au soleil, le ciel s'orne d'un demi-cercle de toutes les couleurs : rouge, orange, jaune, vert, bleu, indigo, et violet.
Si tu places un fin jet d'eau dans la lumière du soleil, tu verras apparaître au travers les couleurs de l'arc-en-ciel.

Les étoiles de neige

Si l'air devient tout à coup encore plus froid, les nuages se refroidissent et les gouttelettes d'eau qu'ils contiennent se transforment en aiguilles de glace. En tombant, les aiguilles se collent et forment des étoiles. Quand les étoiles s'accrochent les unes aux autres, elles forment des flocons ; voici la neige !

Il arrive aussi que les gouttelettes deviennent des grêlons ronds comme des petits cailloux. Parfois ces grêlons saccagent les récoltes et peuvent atteindre la taille d'oeufs de pigeons. Pour qu'il neige, il faut que la température descende en dessous de 0 degré. Sinon, pas de neige, pas de grêle, mais de la pluie.

Force 0 : calme

Force 3 : petite brise

Force 6 : vent frais

Force 8 : coup de vent

Force 10 : tempête

Force 12 : ouragan

La force du vent

On note le vent comme on note les élèves, mais de 0 à 12, suivant sa vitesse. Force 0 correspond au calme et force 12 à l'ouragan, lorsque le vent atteint ou dépasse 120 km à l'heure. C'est un amiral anglais, Beaufort, né en 1774, qui a pensé à noter le vent. Ces chiffres forment l'échelle de Beaufort. Les belles tempêtes de nos régions correspondent au chiffre 10. Il faut aller vers les tropiques pour rencontrer des ouragans de force 12.

La trombe est une colonne d'air chaud qui monte en tourbillonnant et se déplace en détruisant tout sur son passage.

Le vent est un immense courant d'air.

L'air chaud, plus léger que l'air froid, s'élève dans l'atmosphère. Ce sont les différences de température dans l'air qui créent cette agitation. Au bord de la mer, par exemple, dans la journée, l'air frais de la mer vient remplacer l'air chaud de la plage ; une brise marine souffle vers la terre.

Le vent emporte les graines des plantes et les sème ailleurs.

Il arrive qu'au sol il n'y ait pas de vent. La fumée monte droit au-dessus des cheminées. Pourtant tout là-haut les nuages défilent. Là-haut, il y a du vent.

L'éolienne produit de l'électricité grâce au vent qui fait tourner ses ailes.

◀ Arbre déformé par le vent

Moulin espagnol — Moulin hollandais — Moulin grec

Les moulins utilisent la force du vent pour faire tourner leurs ailes.
Cette rotation est transmise à une meule qui broie le grain.
Il faut orienter les ailes du moulin selon la direction du vent.
Dans le moulin tour, on ne tourne que le toit, dans le moulin à pivot, c'est tout le moulin qu'il faut tourner.

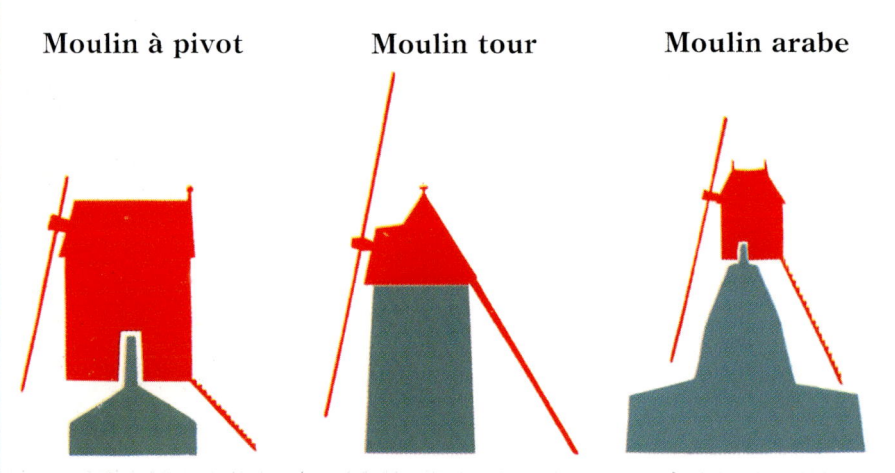

Moulin à pivot — Moulin tour — Moulin arabe

Moulin français   Moulin finlandais   Moulin afghan

Trois manières d'orienter les ailes des moulins selon la direction du vent.

Force humaine    Force animale   Force mécanique

Quand le vent est trop violent, il est prudent de réduire la voilure des ailes.

Système d'engrenages qui transmet la rotation des ailes à la meule.

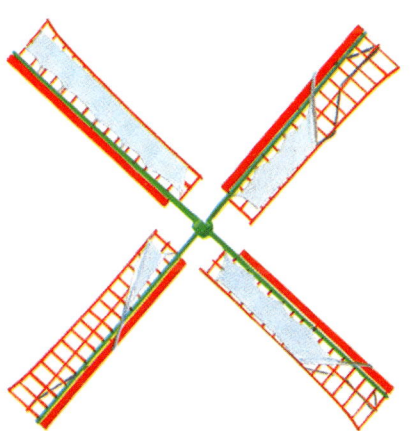 

Quand la lune boit,
il va pleuvoir.

L'observation
des nuages
et de leurs
couleurs, du vent,
de sa force et de
sa direction, permet
de prévoir le temps
qu'il fera bientôt.
Les paysans, les montagnards et les
marins ont de nombreux autres signes
qui les aident à prévoir le temps.

La pomme de pin, par exemple, est très
sensible à l'humidité de l'air. Ses
écailles se resserrent à l'approche de
la pluie et s'écartent quand il fait
très sec.

Quand il fait beau, j'ouvre mes fenêtres, quand il fait froid,
je les referme. Qui suis-je ? La pomme de pin.

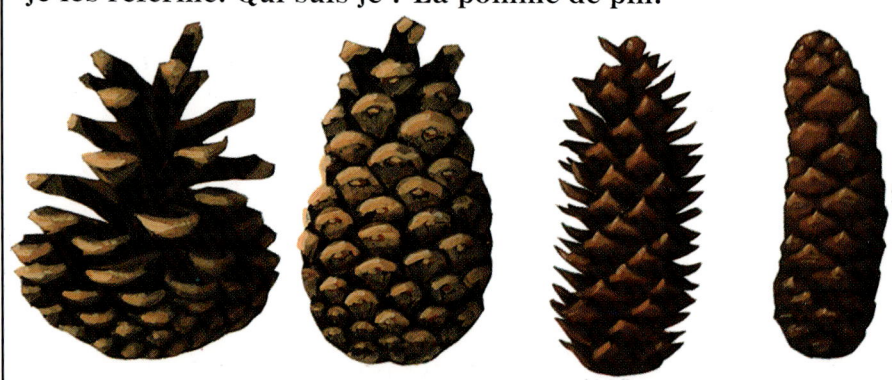

La carline est une belle fleur qui ressemble au soleil. En Provence, on la fixe au-dessus des portes des maisons afin de prévoir le temps. Elle s'ouvre à l'approche du beau temps et se ferme avant le mauvais temps. Dans d'autres régions, on utilise le chardon ou l'artichaut sauvage.

La grenouille verte est le plus ancien et le plus célèbre des météorologistes. Dans un bocal rempli d'eau, on place une grenouille et une échelle. Si la grenouille reste au fond, c'est signe de pluie ; si elle grimpe à l'échelle, signe de beau temps.

Tu peux utiliser une tige de sapin portant un jeune rameau. Enlève l'écorce et cloue-la sur une planchette. Si l'air est très humide, la branche se relève ; s'il est très sec, la branche s'abaisse.

Ce ballon emporte dans l'atmosphère des instruments de mesure.

Aujourd'hui les météorologistes ne se servent plus de grenouilles, de carlines ou de branches de sapin. Ils disposent d'instruments scientifiques qui mesurent la vitesse du vent et sa direction, la température et l'humidité de l'air, la pression, c'est-à-dire le poids de l'atmosphère.

De nombreuses stations météorologiques sont réparties à la surface de la terre et des bateaux spécialement équipés sillonnent les océans. Des ballons prennent des mesures en altitude.

La girouette indique la direction du vent. S'il vient de l'océan, il risque de pleuvoir.

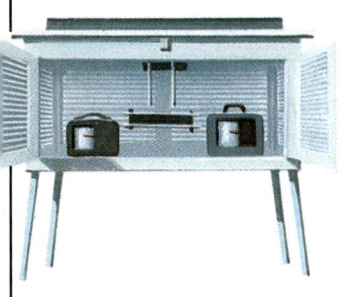

L'abri météorologique contient un thermomètre qui mesure la température de l'air, un hygromètre qui mesure l'humidité et un baromètre.

Le baromètre mesure la pression de l'atmosphère. La couche d'air au-dessus de nous pèse en moyenne un kilo par centimètre carré. Si la pression est basse, il fera mauvais, si elle est haute, il fera beau. Quand elle est moyenne, le temps est variable.

L'anémomètre mesure la vitesse du vent. Plus le vent est fort, plus l'anémomètre tourne vite. Si tu regardes en haut des mâts des bateaux, tu verras un anémomètre, indispensable aux navigateurs.

Le vent

Parfois, au fond de la nuit
le vent, comme un enfant, s'éveille.
Tout seul il marche dans l'allée,
doucement, doucement, vers le village.

A tâtons, jusqu'à l'étang il s'avance
et y fait le guet :
les maisons sont toutes blanches,
et les chênes muets.

Rainer-Maria Rilke.
Quatrains valaisans.
Éditions Gallimard.

Comptine

Il pleut, il mouille
C'est la fête à la grenouille
Il pleut, il fait beau temps
C'est la fête aux paysans.

Signe du ciel

Quand l'hirondelle vole
au ras du sol
elle promet, c'est certain
la pluie avant demain.

Lucie Spède.
Enfance heureuse.
Éditions Ouvrières
et Dessain et Tolra.

Déjà parus

1. Comment vivent les animaux en hiver ?
2. Les baleines et autres mammifères marins
3. Sur les bords du Nil, au temps des pharaons
4. À l'abri des châteaux forts
5. Le riz : ce grain si petit qui nourrit le monde
6. Étranges animaux de la préhistoire
7. Le lait pour tous les petits
8. L'histoire de la feuille de papier
9. Loup, qui es-tu ?
10. Le chocolat, le thé et le café
11. L'histoire de la naissance
12. Le pain de ma tartine
13. Le ciel, le soleil et le jour
14. Le ciel, les étoiles et la nuit
15. Le ciel, l'air et le vent
16. Grand, fort et sage, l'éléphant
17. Comment vivaient les Romains ?
18. L'aventure de la pomme de terre
19. Qui a peur des crocodiles ?
20. Abeilles, fourmis, termites: des insectes en famille

Découverte Benjamin